물방울무늬 자화상

시작시인선 0553 물방울무늬 자화상

1판 1쇄 펴낸날 2025년 11월 20일

지은이 최용수
펴낸이 이재무
기획위원 김춘식, 유성호, 이형권, 임지연, 차성환, 홍용희
편집 이호석, 박현승
편집디자인 김지웅, 장수경
펴낸곳 (주)천년의시작
등록번호 제301-2012-033호
등록일자 2006년 1월 10일
주소 (03132) 서울시 종로구 삼일대로32길 36 운현신화타워 502호
전화 02-723-8668
팩스 02-723-8630
블로그 blog.naver.com/poemsijak
이메일 poemsijak@hanmail.net

ⓒ최용수, 2025, printed in Seoul, Korea

ISBN 978-89-6021-833-8 04810
　　　978-89-6021-069-1 (세트)

값 11,000원

*이 책 내용의 전부 또는 일부를 재사용하려면 반드시 저작권자와 (주)천년의시작 양측의 동의를 받아야 합니다.
*잘못된 책은 바꾸어 드립니다.
*지은이와 협의하에 인지는 생략합니다.

물방울무늬 자화상

최용수

천년의
시작

시인의 말

다리

길 위의 먼 길을 걸어가면
넘어야 할 문턱이 있고
건너가야 할 수많은 다리들

문턱은 내게로 가는 통로
다리는 너에게 가는 지름길

떠나간 흘러간 잃어버린
돌아오지 않는 걸 찾아가는 외줄기
인연과 연민에 닿는 돌다리
희망 외로움 함께 사는 외딴섬

돌개구멍 옹알대는 소리 따라
허공에 놓는 구름다리 하나

2025년 초겨울

차 례

시인의 말

제1부

씨알의 파문 ——— 12
촛불 ——— 14
모래 위 달팽이 ——— 15
달항아리 ——— 16
망부석 ——— 17
살며 철들며 ——— 18
곶감을 깎으며 ——— 19
지어새 주걱 ——— 20
가벼움에 대하여 ——— 21
달동네 가는 길 ——— 22
귀가 ——— 23
바람에 기대어 2 ——— 24
혼자 가는 동행 ——— 25
세한도 ——— 26
동백 눈시울 ——— 27
마리오네트 ——— 28

제2부

우연의 불씨 ——— 30

물방울무늬 자화상 ——— 31

이슬의 환생 ——— 32

멸치 ——— 33

잃어버린 얼굴 ——— 34

와불 ——— 35

차마고도 ——— 36

초롱꽃 ——— 37

제5의 계절 ——— 38

아버지의 땅 ——— 39

딱새 마을 ——— 40

우리 공주님 ——— 41

상실 ——— 42

워낭소리 같은 ——— 44

성글은 징검다리 ——— 45

사립문 앞 할미꽃 ——— 46

제3부

진경 수묵화 1 ──── 48
진경 수묵화 2 ──── 49
진경 수묵화 3 ──── 50
진경 수묵화 4 ──── 51
진경 수묵화 6 ──── 52
진경 수묵화 8 ──── 53
진경 수묵화 10 ──── 54
진경 수묵화 12 ──── 55
진경 수묵화 13 ──── 56
진경 수묵화 15 ──── 57
진경 수묵화 17 ──── 58
여명 등 ──── 59
종 ──── 60
온기는 목을 적시고 ──── 61
문경새재 ──── 62
누명 ──── 63
기억 속으로 ──── 64

제4부

어머니, 저의 속에는 —— 66
가로수 —— 68
유리창에 얼비친 —— 69
물과 얼음 —— 71
눈감아도 고마움이 —— 72
닮은 꼴 —— 73
물처럼 별처럼 —— 74
환승 —— 75
들꽃 —— 76
잊음의 미학 —— 77
종이컵 —— 78
목소리 —— 79
바라볼 수 없는 —— 80
잊을 때까지라도 —— 81
어머니 일러줬지 —— 82
별 부르는 초혼 —— 83

해 설

김재홍 "물처럼 흘러 별 되어 빛나리라" —— 84

제1부

씨알의 파문

씨알 하나 깨어져 번지는 파문
불꽃처럼 산산이 흩어지고
명태같이 갈가리 찢겨도
다른 모습 되어 다시 돌아온다

갈려 버린 잎 차의 남은 맥박
끓는 물결 헤집으며
애순의 푸른 입술을 풀어놓고
기억 속 깊숙이 스며들 때

썰물에 긴 숨비 토해 낸 개펄
밀물 아래 돌아가 조개를 품고
화석에 잠든 태곳적 생명들
지층에서 부스스 기지개 켠다

천년간 쇠줄에 목맨 범종
바람결에 은빛 맥놀이 터트리며
여명의 숨결로 되살아나고

손끝 꼭 말아쥔 늦가을 뽕잎

푸른색 한사코 놓지 않듯
내 안의 상흔 하나 버리지 못해
다시 파문되어 바다에 번진다

촛불

바람 속에 정좌한 채
제 몸 불태우는 한 자루 초

흘러가는 강물은
낮은 곳 찾아가는 천명 길

떨어지는 꽃잎
추락 아닌 승천이었네

몇 시인지 묻는 눈빛
대명천지 한낮이라 했지만

소망 다 이룰 때까지
끝내 소신 멈추지 않았다

모래 위 달팽이

수심 맨 아래
다리 사이 온몸 괴여 떠받드는
마지막 보루

낙엽 되어 뒹구는 나락 아닌
바람도 흔들지 못하는
꿈 기둥 세울 주춧돌이다

바닥에 누우면 편안할 때 있지
더 비울 것 없는 빈 둥우리
등짐 모두 내려놓은 쉼터 같은

모래판 바닥에 떨어진 달팽이
몸 구겨 어둠 걸레질한다
먼 입구 별빛 스며들 때까지

달항아리

우리는 각기 한 덩이 흙이었지요
물레 위 돌고 돌며 서로 만나
백열 흙 가마 속에서
비가보다 더 아픈 연가 부르며
한몸 달항아리 되었답니다

아래위 맞지 않는 뒤틀림
눈물 어리고 바람 새어드는 틈새
마조장같이 서로 쓰다듬었지
곰삭혀 채운 속 따라주며
비우는 맛 한 모금씩 알아갑니다

이제 혼자 떠나라면 못 갑니다
깨어져 조각조각 흩어졌을 때
잔별처럼 눈빛 주고받다가
보름밤 달항아리 되어 만나리라
달항아리로 다시 태어나리다

망부석

어느 풀숲에 숨어 피어 있을
들꽃 그대여
당신의 가루 한 점 묻혀다
부활의 씨알 하나 맺으려 합니다
평생토록 함께하려 했건만
한 번도 허락지 않고
돌부처같이 묵언 침묵하였다가
안개 속 아슴푸레 떠나가는
그대여
어쩌면 붙잡을 수 있을 것인지
앙가슴 열어 주진 않더라도
뒤돌아서서 이름 한번 불러주오
당신 향해 뻗어가는 넝쿨손
비조 되어 바위 속 깃들렵니다*

---

* 신라 박제상의 아내 국대부인이 죽어 몸은 망부석, 영혼은 새가 되어 바위에 숨어들었다는 전설 의미.

살며 철들며

죽자고 살았더니 죽지 않더라
살면서 가장 어려운 건 사랑이고
웬만큼 해볼 만한 일들이었다

모래 씹어 진주 키우던 시절
고통스러웠지만 보람은 컸었지
사금파리 위에 뒹굴면서
꽃 속 안식이라 믿고 견뎠다

배추처럼 몸 귀퉁이 떼어 주며
오늘 이 땅 위에 서 있는 지금이
생전에 다시 없을 시간이려니

마지막 이루고 싶은 꿈 하나
산사 추녀 밑 풍경으로 매달려
한 번, 목놓아 울어 보았으면

곶감을 깎으며

조가비 손으로 몽당연필 깎아
필통 속에 희망 몇 자루 담았었다
무슨 글자 어떤 그림 될지
알 수 없는 미래가 달각거렸지

파도에 쓸리어 둥글어진 자갈
눈물 꿰어 말려도 구슬 되지 않고
새까만 버캐 벗겨내진 못했다

주황빛 감 깎는다, 곶감을
허울 벗어버리고 덕장에 목매달아
너를 위해 단맛 드는 설렘

나를 깎아내면 가벼워지리라
돌은 얼마나 깎여 탑이 되었을지
맨몸 하나로 비로소 완성되는

저어새 주걱

부리 다 무지러지도록
해종일 갯벌 휘젓는 저어새

한 손으로 메밀묵 저어
여명 한 모씩 떼 먹인 어머니

지옥 같은 진흙탕에서 건져와
이승의 허기 달래는

어머니 주걱은 저어새 부리
저어새 부린 어머니 외팔

가벼움에 대하여

가벼운 탓만이 결코 아니었다
태산같이 무거웠던 사람도
삼베 자락에 몸 가리고
떠날 준비에 대답도 못 한다
민들레의 홀씨도 가랑잎도 아닌
이 가벼운 깃털 세상 있을지
지나가는 바람에 물었다
나는 어디로 흩날려 가는지
무릎 고개 꺾여 구겨진 초상화
상의 하의 합쳐 한 벌 납의
불이不二로 가는 가랑잎이
무거운 듯 가벼운 듯 나부끼고

달동네 가는 길

헐떡헐떡 톺는 봉우리
오르기 힘든 절벽

철새는 하늘 오르막을 날아
도래지에 이르고
나무는 지상의 수직길 기어올라
한 모금 햇빛 마시고

산마루 올라야 해돋이 보듯
바닷물 넘쳐도 살아남는 꼭대기

달동네 가는 가파른 오름길
까치집에 사는 희망 하나
하늘 가까워 드높이 날리라

귀가

돌아가지 않고
여기 누워 무엇하고 있느냐

쇠똥구리는 해종일 굴리다가
은하수 빛 따라 땅굴로 돌아가고
아버지는 논밭이랑 헤매다
늦은 밤 핏줄에 끌려
어두운 골목 다시 돌아왔지

뭐 하느냐 어서 돌아가거라
재잘대지 말고 새장 문 열어라
밤이슬 풀잎에 몸 붙이고
산새 어젯밤 자리 찾아간다

곧 열차가 도착할 것이다
지하 셋방이라도 식구 둘러앉아
숟가락 담가 침이라도 섞어라

바람에 기대어 2

벌 나비마저도 잠든 눈밭
산다화 붉게 피는 것은
꽃가루 분분히 날려 주리라는
바람의 약속 때문이겠지

바람에 기대어 선 사람들

몸 태워 재가 되어도
남겨진 가루 돌아보지 않는 건
바람이 흩뿌려 주리란 믿음

가벼울수록 멀리 떠나겠지
빌려 쓰던 건 모두 돌려준 뒤
백지장 영혼마저 불태우고

언덕에 올라 기다리면
바람이 멀리 데려다주리라

혼자 가는 동행

포구를 찾아드는 배
돌아오지 못한 그 사람 생각한다
먼 길 함께 걸었지만
높이도 방향도 서로 다른
동행 아닌 동행

사랑은 언제나 혼잣말이었지
맨드라미 땅 베고 누웠고
된서리에 들국화 시드는 늦가을
사잇길 서둘러 걸을 때

검불 되어 꺾어져 버린 허리
나뭇잎처럼 떨어진 뒤에야
같은 길에서 잃어버린
우리의 길 어렴풋이 보였다

세한도

오백 년 팽나무 허리 부여안고
지난날 그리워 슬피 우는 매미

구름처럼 허공 떠돌다가
예리한 모서리에 상처도 받았지만
정녕 거머리 짓은 않았다

유배길 쓰러져 눈감으면
자갈길 위 수레 끌고 가는 말발굽
구름 바람 파도와 새소리

십 년을 열흘 같이 산 매미
추사는 날아가고 이름만 남았지만
세한도 이 땅에 늘 푸르러고

동백 눈시울

속사랑이라 더욱 불탔으리라
바라만 보다 동행 못한 길
눈시울 새까맣게 오디 물들었다

굳은 기억에 그리움 스며들어
불쑥불쑥 죽순 솟아나고
아린 가슴 비집고 분출한 용암
그 모습 닮은 화석 되고

모두 불타면 숯 되어 남으리
모퉁이 헤매 돌며 열병 앓던 시절
퍼렇게 멍든 한 자락 구름
떠돌다 어디 맺혀 모대기는지

얼굴도 보지 못한 열매 속
낙화의 말 못한 사연 겹겹 쌓였다
홀로 저무는 동백꽃 눈시울

마리오네트

그는 종이 꽃길 걸어 나와
허리 접고 큰절 올리며
온몸을 꼬리처럼 흔들었다

얼굴색을 날마다 바꾸고
탈 뒤로 찬란한 조명 받으며
남의 목소리로 노래했다

보이지 않는 손끝에 매달려
날마다 난무로 춤추는
그는 뼈 없는 그림자였고

어느 날 무대 위에 쓰러져
힘줄 끊긴 채 떠나 버리고
가벼운 꼬리만 남아
정적 속 맴돌며 흔들린다

제2부

우연의 불씨

시장 바닥 흩어진 신발짝
누구 눈에 띄어 한 켤레 되어
비로소 제 발자국 새긴다

옛적 우리 어머니
송진 향기 진득이 풍기는 두메
산딸기처럼 붉어갈 때
노총각 나무꾼 만나
한 지붕 아래 평생을 엮었다

우연한 스침 도화선 되어
필연처럼 뿌리내린 희망찬 터전
따로 핀 송이 함께 모여
한 자락의 꽃밭 이룬 우리

떼어 놓을 수 없는 손깍지
잠시 흩어져도 다시 하나 되어
한 길로 흐르는 동행 된다

물방울무늬 자화상

산불에 그을린 장승 모습이다
색 바랜 호랑이 그림
문풍지 되어 빠진 이빨 갈고
손길 따라 명멸하는 모래 예술처럼
고기떼 보면 그물망 되고
바람 불면 너울가지로 흔들리다
음각으로 남고 싶은 표정

두 팔 잘린 뻐꾸기시계
칼날이 울지 않는 성대 끊어 내고
벽에 붙어 시드는 꽃다발
뚜껑 열린 물감 병 붉은색 토한다
마리오네트의 환호
차창에 맨얼굴 상감하려
물방울무늬로 첫차 기다리는

이슬의 환생

무엇이 그다지도 다급했던 것인지
아침이 오기 전부터
석별 앓으며 모대긴 풀잎 위 목마름

밤하늘 별 헤며 마음 한번 포갠
난생처음이 마지막 된 하룻밤

가슴 적셔줄 겨를도 없이
파란 손 놓고 햇볕 속에 뛰어든
나의 흔적 보듬어준 연민

밤새 잠시 왔다 떠나는 짧은 생애
다시는 밤길 걷지 않으렵니다

빗방울 되어 다시 돌아와
노을빛 치맛자락*같은 강 펼쳐
당신의 사원 온몸 적셔 주려 합니다

* 정약용 부인이 보낸 붉은 치마, 하피첩이 됨.

멸치

아침은 한 덩이씩 나눠 먹었다
출렁대는 너울 속 맨손으로
점심거리 찾아 헤매다가
저녁밥 되어 모두 끌려 나왔다

그물망 위에서
온몸 튕겨 올리며 널뛰기하다가
막막한 바닥에 떨어지는
아마 마지막 단옷날 되리라

햇빛 물씬대는 정죄의 일광욕
꽃잎 뛰어 들어 숨비소리 끊겼다
엎드려 몸 말리고 나면
다시는 허리 펼 수 없는 수평선

아버지의 활 같은 등 뒤에서
대왕문어가 내 꿈이라 말했을 때
등뼈 삭아내라는 소리 들렸다

잃어버린 얼굴

천 불이 모여 사는 남산에 올라
목 없는 불상 앞에 서서
대자대비 그 모습 마주하고 싶지만
어디에 묻혀 만날 수 없는 얼굴

꽃은 일생 모두 쏟아 넣었지만
열매는 꽃을 기억 못하고
콩깍지도 애지중지 품었던 혈육들
재 될 때도 만나 보지 못했다

절해 한가운데 외딴섬
파도 소리 문 두드려 보는 옛집
이승잠 자는 늙은 어부

얼굴 잃어버린 얼굴 없는 시대
올해도 헛꽃은 피어 노심초사인데
시꺼먼 사진틀 속 가족에게
붉은 소식 띄워 보내는 동백꽃

와불

같은 가지 잡고 흔들리다가
낙화가 되고 낙엽이 되고
산봉우리 스쳐 지나가는 달
본 듯 못 본 듯 멀어지고

실뜨기하며 한마음 된 사람
꿈을 따라 먼 길 떠나가던 그때
가슴에 붙여 둔 얼룩 한 점
아직 지워버리지 못해
금박 된 환영을 앓는다
갈대에 기대 흰 머리 날리며

운주사 산등성에 바위 매고
누워 있는 석불이여
천년토록 떼지 못한 돌의 인연
해탈보다 단단하여
등 붙인 채 흙 되려 하는가

차마고도

온몸으로 발걸음 재는 자벌레
달팽이가 아스팔트 길 건너간다
거리를 가늠하지 않고 묵묵히

건너편 풀숲은 아직도 감감한데
이제 다 왔다고 생각하면
다시 올라야 할 설산
눈앞에 솟은 봉우리 또 봉우리

발굽 사이사이 옹이 박힌 돌니
아프다는 표정 끝내 짓지 않으리
네 발 끌며 절룩일지라도
무릎만은 기어코 접지 않겠다

허연 거품덩이 씹어 토하며
차마고도 첩첩 고개 모두 넘으면
따뜻한 약손 장제사 만나리라

초롱꽃

잎 속에 고인 이슬 조용히 비워내고*
빈자리마다 여명 채우는 연뿌리

언제나 넘치지 않으려고
머리 숙이는 겸손
그리하여 비워지며 가벼운 항아리

속을 비워 꺾이지 않는 대나무
덕장에 매달려 비린내 털어낸 명태
마침내 황태 되어 목어 빛 닮고

한 겨울밤 초롱꽃 우산 아래
등불 켜 들고 선 어머니 모습 하나

나의 시선이 그 빛에 녹아들어
마음도 따뜻하게 익어 간다

* 법정 스님 무소유에서 이미지 차용.

제5의 계절

꽃 피웠던 가지들과
열매 맺지 못한 가지들이
어울린 한 그루 나무

걸어온 발자국마다
가득 담겨 있는
너의 가시밭길 이야기

나의 가슴을 치면
너의 목소리가 대답한다
목탁 메아리 되어

한 점의 인연 남겨 두면
지지 않는 계절에
처음 같이 다시 피어나고

아버지의 땅

아버지가 엎디어 살던 다랑논
지신地神이 축복한 옥토였고
열 식구 기대 살던 버팀목이었다

뙤약볕 발목 휘감는 사막에서
선인장 가시 뜯어 씹으며
쪽달 따라 묵묵히 걷는 낙타

양수도 마르지 않은
바둥거리는 새끼 핥아주며
일어나 뛰어라 재촉하는 얼룩말

떠돌며 희망 짜 모으는 유목민
처마에 씨종자 갈무리하는 화전민
옥토는 황무지 되어 버리고

벼랑 같은 철벽에 붙어 배 짓는
아버지의 샛별 등
나의 터전은 가장 척박한 철판

딱새 마을

개천에서 황룡 났다고
온 동네 딱새들 모여
꽹과리 장구 치며 큰 잔치 벌였네

경사 났네 경사 났어요
딱새 둥우리에서
어미보다 우람한 새끼 났으니
어찌 경사가 아니랴

덕분일세 은총이로다
남의 집 가리지 않는 뻐꾸기 은혜
딱새 마을 풍악 소리
끝도 없이 울려 퍼졌다네

우리 공주님

광부 아버지는 하얗게 웃으며
어미 없는 딸 공주라 불렀지
모두 어리석다던 그 사람

골목 밥집 허드렛일할 때 만나
카바이드 등 하나 발등 부풀도록
갱도 헤매다 석탄 더미에 깔려
떠나 버린 온달 아저씨

까맣게 물들어 가뭇가뭇 살아갈 때
폐광 쓰나미 터전 휩쓸었다
이웃들 산지사방 흩어지고
밤마다 찾아오는 거무레한 그림자

난전 골목 주모 반백 년
숯덩이 나이테 한 결씩 넘겨보는
박제같이 굳은 할머니 공주님

상실

일식에 잠식되어 가는 얼굴
시커먼 잔해로 남아
식어 가는 온기를 느끼며
빛이었던 너의 이름 부른다

반딧불 초롱마저 꺼져
어둠이 점령한 숲 사이사이
낯선 그림자가 서 있고

거대한 산사태에 매몰되어
논밭은 사라지고
폭우에 집마저 잠겨 버렸다

산등성이로 번지는 불길
나는 벌거벗은 채 빈방에서
침묵하며 무너져 내리고

풍랑 속 헤매는 배 한 척
등대는 오래전에 실명했지만
빛을 찾아가는 시선이

여전히 뜨겁게 타오른다

워낭소리 같은

연민의 농도는 배려보다 진하고
사랑과는 이웃만큼 가깝다

수화기 내려놓기 바로 직전
머뭇거리는 몇 초의 여백
아는 사람에겐 배려이고
너에겐 무엇이 스치는 순간

아직도 들리는
팔려 간 누렁소 워낭소리

한번 젖어 마르지 않는 기억의 숲
연민 오래면 사랑 되고
사랑이 묵어 연민 될지도

가슴 깊은 곳 머물러 있는
사랑 연민 사이 경계 모호하다

성글은 징검다리

유년의 뿌리를 지붕 위에 던졌다
새니 돋아나 물어뜯는 법을 알았고

쓴맛과 단맛을 곱씹으며
살아 남은 기쁨 영원할 줄 알았지만
내 살 조금씩 갉는 줄은 몰랐다

거짓말만 하여도 이가 빠진다는데
독설을 날마다 씹어 뱉었으니
잇몸 삭아내려 성한 곳 하나 없고
성글어 건너지 못하는 징검다리

노을 속에 던져버린 이빨아
잇몸에 기대어 보니 참 고마웠다

사립문 앞 할미꽃

눈 오는 날이면
기다리다 못해 찾아 나서는 발길
자국 없는 자국 따라 가는 설렘

애기동백 한 송이
손 시린 가지 끝자락 걸터앉아
앞서간 흔적 점점 새기며
진홍 안부 한 장씩 떼 날릴 때

산등성이 백설 등 켜 들고 선
어머니 만나고 오는 해거름

황토방 구들목
친근한 보리밥 한 사발 땀 흘리는
사립문 앞 활착 핀 할미꽃 미소

제3부

진경 수묵화 1
―동행

집 잃고 산속 헤매다 돌아온
송아지 목덜미 끌어안고
할머니 목놓아 부르며
녀석의 검은 눈시울 닦는다

홍수 때 지붕에 올라 견딘 소
구순 할아버지
맞붙은 옆구리 어루만지며
배곯았던 아픔 나눌 때
굽었던 허리 곳곳이 펴졌다

마음만 살짝 기울여도
연민은 넘쳐 강을 이루리라
동행이란
연리지 맺으러 가는 길

진경 수묵화 2
―대장장이

언제쯤 지붕 올릴 수 있을까
옥개석에 배흘림기둥은 아닐지라도
긴 추녀 꿈 한 채 지우려 했다

열매 하나 맺지 못한 빈 가슴팍
나직한 기둥 하나 곧추세워
하늘을 지붕 삼아 산다
무질러진 지난날 담금질하며

겹겹이 접쇠 된 나이테
깊은 시간 속에 지느러미 파닥이며
밤하늘 별 되어 저물어 간다

식은 몸에 영혼 지피는 풀무질
녹슨 꿈 새파랗게 샛별같이 벼리는
늙은 대장장이 망치질 소리

진경 수묵화 3
―흠집 옹기

흰머리 도공이 도자기 부순다
한 점 남기지 않고 깨뜨린다
한 송이 영혼 상감하고픈 열망에
도공 아내로 흙 밟았던 할머니
매끈한 쌀독 하나 갖고 싶어
산고 끝에 옥동자 하나 빚어 구웠지
희멀건 몸빛 쭈글쭈글한 허리
도공이 깨부수려 파쇄장 가져갈 때
할머니 자기 몸 들이밀어 말렸데
도공은 활활 타는 백열 가마 속
자신 밀어 넣어 재 되어 날아갔고
몇 점 도자기 임자 만나 떠나고
잡초 무성한 가마터 초가 앞
성찮은 옹기 하나 작달비 맞고 섰다
흙담 기대 늙은 엄니 기다리며

진경 수묵화 4
—여백

동백꽃 지고 매화 피는 틈에
한 송이 삶 그려 넣는다
우듬지 간짓대 높이 세우고

바람 집어 타고 떠돌다가
부력 떨어져 깊이 가라앉는다

물길 따라 굽이치다 멍들어
하구에 몸 풀고 누워
까치 노을에 물들어 가며

바람에 올렸던 안장 내려놓고
빛바랜 화폭 희미한 잔영
여백 한편 쉼표 하나 찍는다

삶은 실낱 모아 쌓은 까치집

진경 수묵화 6
—허방다리

꽃잎 분분히 흩날리는
천 길 잔도에 벌이는 철벽 대전
푸른 꿈 하얗게 떨어진다

개미가 무거운 짐 덩이 끌며
아찔한 허방다리 아등바등 건눈다
다리 아래 출렁이는 물결
깔때기 입 쩍 벌린 개미지옥

벌 나비 문 열어 허락한 새봄
우렁이 어미처럼 둥둥 떠 시집가고
아침마다 생목숨 태우는 이슬

강물 속에 잠긴 밑 빠진 항아리
가득 찬 듯 텅 빈 듯
명암은 붓끝 따라 엇갈려지고

진경 수묵화 8
―단장

새끼 떠내려간 물길 따라
사흘간 뒤쫓았던 엄마 원숭이
장 끊어져 숨 거두었다지

팔려 간 새끼 부르는 어미 소
여물도 마다하고
열흘 넘게 슬픔 되새김질할 때
워낭소리 잠 못 이룬 아버지

움푹 파인 어머니 빈 허리
보름달 몇 키워 낸 자리
대지보다 더 넓은 바다 깊이

내장탕 한 사발 주문했더니
순대 써는 할머니 손이 떨렸다
먹이 토하는 어미 펭귄같이

진경 수묵화 10
―연가

지금 선 자리는
기다림의 너럭바위

담벼락은
결국 가슴팍 모두 내주어
파랗게 담쟁이 물들고

무너지지 않는 주상절리
깨어질 각오로 부딪쳐
파도에 모래같이 젖은 몸

줄 끊어진 종이연
허공 속 떠돈다

울음통에 금 간 매미
생의 목마름 실은 노래
숨 멎도록 부르는 밤

진경 수묵화 12
—조각보

어머니 가슴은 자투리 천 조각
여미어 붙인 삼베 조각보
늘 모락모락 김이 서려 있었다

겉보리 영그는 망종 무렵
애들 성화에 가지 늘어진 살구나무
새알 감자 삶는 저녁나절
원추리 가는 목 실같이 길어지고

철판 조각 이어 붙이는 새벽녘
소나기 쏟아지는 불티
잔별 한가득 채운 쪽배 한 척
떠나온 포구 찾아 돌아간다

삭정이 물어다 둥우리 짓는 까치
숨 가쁜 육추 나래 무겁다
오늘도 헝겊 모아 조각보 만드는

진경 수묵화 13
—여심

할매 서넛 담벼락에 기대앉아
서로 신발 바꾸어 신어 본다

동무와 고무신 바꾸어 신어 보았던
사춘기 때 야릇함

뱃속에 품었던 자식도 떠나는데
난전에서 만났지만
평생지기 영감 같은 포근함

신던 게 훨씬 낫겠네
발에 익었으니
니캉내캉 둘이 붙어 다니제이

진경 수묵화 15
—초행길

붉은 꽃 피었던 자리
노란 열매 조롱조롱
길은 하나 다시 만날지

눈 밝은 사람 되라 빌었던
까막눈 아버지 기원에도
앞뒤 못 가린 철부지
심청이 아버지 되었지요

부모의 자식이다가
자식의 부모로 돌아간 뒤
몸도 고집도 눈치 거리
이제 폭탄 돌리기 일보 전

보도 위 점자 따라간다
무거운 짐 덩이 맡겨 두려

진경 수묵화 17
—솥뚜껑

무쇠 솥뚜껑 하나
주방 뒤 식탁에 기대
배고프지 않으냐 묻기도 하고
먹고 싶은 것은 없냐 말 건넨다

그을린 아궁이 위 걸터앉아
입 맞춰 시래기 삶고 죽 끓였던
새까만 솥 녹슬어 버려지고
이제 마지막 남은 어머니 온기

허기 버무린 감자 반죽 올리면
누런 황달 얼룩 베는 소리
흑백 기억 한 장씩 뒤집어 가며
엄니 따습던 모습 탁본한다

여명 등

나를 두드리는 사람들아
어떤 소리로 울어주면 좋겠는가

내 속엔
불씨 하나 남아 있지 않다
파도는 목이 메었고
깨물어 토할 아우성도 없지만
금 간 틈 곧 아물게 되리라

얼룩진 몸뚱이 닦아준 사람아
덕지덕지 숯검정은
당신 땟물 아닌 나의 녹이오

가장 어두운 곳 헤맬 때
내 몸 부서지도록 힘껏 두들겨라
여명 등 켜 들고 마중 나가마

종

첨탑 위에서 산문 안에서
때마다 종이 울린다
제 가슴 풀어내는 숨소리

사람은 종을 만들고
종은 모두 가슴 울린다
벽 쌓아 꼭꼭 막아 두어도
스며들어 맴놀이 수놓는

추가 양쪽을 치는 뜻
높은 자리에 목매단 것도
더 멀리 더욱 깊이
전하려는 마음의 들창

아무나 지을 수 없는 종

온기는 목을 적시고

너를 가슴에 품어 안고
뜨거운 입김을 불어 넣으면
온몸으로 천의 목소리 풀어내었지
지느러미 파르르 떨며

색소폰과 속삭이며 입맞춤할 때
트럼펫 허리 어루만질 때
빈방에서 내 따뜻한 손길 기다리며
음계 잊어버려 목쉰 건반아

이제야 묵은 얼룩 지운다
전신에 휘감긴 거미줄 걷어내고
어그러진 관절 다시 이어
공 굴리며 춤추던 어릿광대야

몸도 마음도 몽돌이 되었다
나이테 속 묻어둔 악보 한쪽 펼쳐
이 재회의 환희 탄주해 다오

문경새재

푸른 갈퀴 휘날리는 청룡의 머리길
부귀 찾아 넘었던 산마루 고개
발자국 쌓여 험난한 새재 되었나

부처는 이 길 따라 석굴암에 들고
소금가마 짊어진 장돌림들
산 너머 사람들 짭조름히 간 들였던
굳은살 어깨는 썩지 않았는데

책 봇짐 메고 재 넘던 선비들
청운의 갈피에 백성 눈물 어렸을까
어사화 피워 누구 기쁨 주었나

무엇을 준비하여
높은 금비령* 같은 새재 넘었던가

* 준비 없이 산에 오르지 말라는 뜻이지만 각오와 다짐을 의미.

누명

꽃게는 밥 한술 먹어본 적 없이
식탐 많은 밥도둑 되어
토막토막 잘려 간장에 쟁여지고

바깥세상 나간 일 없는 미꾸라지
도랑에 놀다 움켜잡혀 몸부림쳤는데
흙탕물 일으킨 주범에 파렴치범

그 많은 밥은 어디로 갔는지
무엇이 온 세상 흙탕물 만들었는지
꽃게 미꾸라진 부끄럼 없는데

거울 속과 마음속 항상 다르지

기억 속으로

무엇이든 언제든 찾아드립니다
잊을 수 없는 것들은
기억 속에 모두 진열돼 있어요
옛적 모습 그대로
안으로 들어오면 됩니다
비 오는 밤 우산 없이 혼자면 좋지
희미한 가로등 서 있던 그곳
영구 보관 중이니 항상 다녀가시라
만나 함께 떠나도 좋습니다
할아버지 첫사랑 그녀 찾아갔고
한 할머니는 생모 모셔갔지요
청춘 말인가요 온새미로 돌려드리죠
그 시절 만나 밤새 춤추다
새벽녘 돌아가셔도 괜찮습니다

제4부

어머니, 저의 속에는

어머니, 자꾸 신게 먹고 싶습니다. 시퍼런 복숭아 풋사과가 당기기 시작합니다. 누군가 꾸다 버린 무정란 태몽을 품고 때도 없이 입덧만 하는 못난 자식 용서해 주세요

아직 그 사람을 찾아 방황하고 있습니다
아슴아슴 보였다 안개 사라지는 모습
올 듯 올 듯 끝내 돌아오지 않던 아버지같이
당신 국밥이 난전 최고 명물 된 건
기다림이 곰삭아 우러난 진 육수 맛이지

어머니 지금까지 입덧만 하는 중입니다
왜 그리 더디고 어렵냐 물으시며
아이 많이 낳은 여인 속옷도 보내 주셨네
조금만 더 기다려 주세요
새벽마다 뱃속에 닭 울음소리 들립니다

뽕잎이 누에 속 거쳐 명주실로 태어나듯 아무것도 배태하지 못한 빈 꼬투리지만, 밤새 별빛 벼리어 하나하나 채워 가며 피멍울 상감 무늬 새겨 넣습니다

그 사람 머지않아 돌아올 겁니다
가시밭 뒹굴다 만신창이 되어 오는 날
내 속에 진주 키울 모래알 심겠지

이 산고 끝나면 굽은 손으로 탯줄 잘라 주세요
언젠가 엄니 옆에 국밥집 열려 합니다

가로수

버스에 들이받혀 허리 부러졌지만
몸으로 추락 막아 여러 목숨 구하고
닭발 나무로 몇 년 앓다 깨어났다

어머니는 사철나무 가로수였다
내가 칠게처럼 뻘밭 헤맬 때
갈대숲 되어 몸 붙일 자리 내주었고
어둠 속 갈길 잃었던 시절
잔명 모두 불태워 횃불 밝혔다

내 옆에 서 있는 당신 울타리 삼아
강대 나무 우거진
불모지 길 두려움 없이 질주했지

유리창에 얼비친

개나리 눈망울 터지던 봄날
허기진 가슴 달래며 간이역 떠났다
맨발 설렘에 바람 방향 모른 채

내 정점은 외벽에 매달린 밧줄
삶은 빌딩 유리창에 얼비쳐 흐르고
층층마다 쌓인 먼지 닦아낸 뒤
마침내 땅 위에 두 발로 선다

이제 한 그루 가로수 되어
푸른 우산 활짝 펼쳐 들었을 때
그때 처음 알았다.
정상은 더 올라가는 길이 아니라
다시 내려오는 출발점임을

새까맣게 밀려가는 사람들
허방다리 함정 아슬아슬 넘어가고
밧줄에 매달렸던 하루 저물 때
뚝뚝 이파리 떨구는 나무
공터에 낙엽 타는 냄새 가득하다

에돌았던 똬리 길 끝에 서서
새벽이 차오르는 수평선 바라보며
희미한 이름 하나씩 되새긴다

물과 얼음

당신과 나는 알 수 없는 관계
따뜻해지려 하면 불구멍 틀어막고
차가워야 하나로 뒤엉기는 사이
얼음에 물 붓으로 속마음 쓰는

가슴 여는 실마리 옷고름 아닌
연민의 꽃 한 송이
닫혔던 귀 진실 말할 때 열렸고
언 입 믿음에 풀려 속삭였다

너무 난해해 풀 길 없던 표정
무꾸리 아닌
아이들 새까만 눈망울이 열쇠

얼어도 녹아도 우리는 물이었다
마음 하나로 생을 토렴하며

눈감아도 고마움이

늘보리 익어 가는 망종 철
바람이 나를 보리피리 불며 간다

눈떠 보니 모두가 고마움이다
익어 가는지 간이 드는지
온몸 조금씩 무거워지는 느낌

수많은 비탈길 톺아 넘어와
외목 앞에 서 있는 오늘
바늘귀로 세상 듣고 하늘 쳐다보니
정녕 고마워 행복할 뿐이다

먼저 떠나간 사람들이여
아주 가지 않고 기억 속 머물다
부르면 함께 하니 고맙군요

산삼은 산신의 선물 아닌
산새가 심어둔 고마움의 표시

닮은 꼴

틀니 하려 치과에 들렀다가
돈 아까워 돌아와 버렸다
잔술에 소금 안주 먹던 아버지

살다 보니 똑 닮아 버렸네
몸에 누룩 내음 나고
외나무다리 건너온 가족력

잔명 모두 빈 병에 따라주며
어름사니는 외줄 탔지만
개구리 되어 펄쩍이는 아이들
올챙이 누군지 알지 못하고

아버지는 샛별이었지만
난 누구 기억에 잠시 떴다지는
개밥바라기별이 되는지

물처럼 별처럼

잊은 듯 떠나보낸 듯 기다리리라
흘러도 마르지는 않을 것이며
땅에 묻혀서라도 차마 썩지 못해
유성의 긴 꼬리 아쉬움 달고
부르지 못한 후렴 끝까지 부르자

아프다는 말 하지 않으리라
언제든 일어설 수 있는 차림으로
자유로이 손 흔들어도 좋지만
솥과 뚜껑으로 살아온 나날
잿불에 오롯이 남아 따뜻하구나

폐허 된 절터에 적막 꿰뚫고
흰 나비 떼 솟아오르는 그날까지
얼룩진 나의 몸 닦고 닦아
물처럼 흘러 별 되어 빛나리라

환승

가야 할 반대쪽 자꾸 내다보며
환승역 어림 짚고 서 있다
차 곧 오나요
어디 가세요 할머니
떠나야지요 가 보지 못한 곳에

내리는 사람도 타는 사람도
언제 타고 내렸는지 전혀 모르고
가지 떠난 잎사귀 몇 장
바삭바삭 달려와 바람 타고
저 멀리 훨훨 날아갔다

정류장 구석 흙투성이 운동화
마지막 벗어버린 짐이런가
장바구니 움켜쥐고
버스 기다리는 할머니
환승역 새까맣게 잊어버린 채

들꽃

뭇꽃 만개하여 눈부셨지만
너의 모습 볼 수 없었고
한 소절 노래 부르지 못한 채
제철 끝 모퉁이 돌아갔다

산기슭에 시린 발 뿌리내려
풀숲 속에 파르르 몸 떨 때
벌 나비 몰려와
남루한 옷고름 풀어 헤쳐
기약 하나 심고 떠나버렸지

왔다는 기척 간다는 말 없이
어느 산야에 지더라도
그 모습 그 이름 돌아오라

잊음의 미학

알았던 비밀, 말하지 않았다
침묵 속에 모두 묻어 버렸었지

열매는 바람 닮지 않고
풍매한 바람조차 기억 못 하는
잊음은 기억보다 위대한 것

다람쥐 묻어둔 곳 잊어버려
싹 틔운 밤나무 가지 무겁도록
알밤 맺어 보은하는 참모습

잊지 못할 걸 잊어버리면
용서는 서릿발 위로 흐르고

종이컵

당신은 나를 어루만져 주었지
감전되어 밑바닥에 툭 떨어지는 순간
예약된 유산 쪼르륵 따라 주고
부활할 수 없는 삶 마침표 찍는다

첫사랑 앓다 몸을 날린 꽃들
가지에 회향하여 열매로 환생하는데
태어나 익숙해질 겨를 없이
어두운 구석에 구겨진 몸 던진다

동전 한 잎과 내통한 문 열리면
처음 뜨거워 보는 한 번 기억

아찔한 이별 입술에 아로새기며
호로록 애간장 내어 주고
가슴속 홍해 열려 바다 건너가지만
당신 상감한 청자 잔 되는 날에

목소리

옛 시절 옷자락 고랑마다
꼬물꼬물 살아 있는 올챙이 떼
어머니는 꽃으로 왔다가
해거름 뒤꼍 장독 위에 떨어졌고
아버진 갱도 속 뛰어들어
나를 건져내 하얗게 말려 주었지
열두 갈래 길 헤매 돌다
한 가닥 가지 붙잡고 매달려
무지러진 부리로
하늘 일구어 별 심으려 한다
어느덧 가을 색 산천에 스며들어
허리 반쯤 말아 쥐고
바람 따라 떠도는 낙엽 나그네
모두 잘려 나가고 남은
마지막 대마디 불태울 때
부디 몸조심하여라
툭툭 터지는 귀 익은 목소리

바라볼 수 없는

끼니때마다 생각나는 것은
따스운 밥 한번 나누지 못했는데
멀리 떠나갔기 때문이다

요란스러운 문풍지 소리
함께 떨었던 지난날
기억은 바스락바스락 모대기지만
이제 맞잡고 울 수 없네

네 모습 가슴 깊이 새겨 둔 건
애절하게 한번 마주 보지 못한 채
다시 만나 볼 수 없는 탓

삭아 무너진 초가지붕 처마
흘러간 낙숫물 다시 보지 못하고

잊을 때까지라도

입 맞추는 키싱구라미 바라보며
귀밑 보라색 물들던 첫 모습
너의 입술 지느러미처럼 떨고 있었지
다정한 몸짓이 입맞춤 아닌
다툼이란 걸 떠나간 뒤 알았네

이 역경 조금만 더 참자고 한 뜻
가난의 동티 우려내고
쓴맛 뒤 단맛 함께 나누려 했던 것
잘 있으란 말뜻 제대로 모른 채
돌아올 거라는 믿음 하나
갑이별 씹으며 손 흔들어 배웅했지

남은 시간 다할 때까지만이라도
잊지 않으려 쳇바퀴 도는 다람쥐처럼
그날 다시 오길 기다리며
재회의 탑돌이 멈추지 않으리라

어머니 일러줬지

솥뚜껑 팔랑팔랑 열지 마라
익기 전에 김빠지면 선밥 되고
감자 아려 못 먹는다
솥뚜껑보다 가벼워 어디 쓰냐

입 함부로 열지 않겠다는 다짐
말도 입에서 새어 나가면
무엇도 데울 수 없는 헛김 된다

설익은 복숭아는 신맛
떨어진 땡감 곶감 되지 못하고
이슬은 소리 없이 왔다가
침묵으로 풀잎 적시고 떠났다

별 부르는 초혼

별은 재회의 날 하도 멀어
하늘에 안겨 가루가 된 금모래
파도는 산산이 깨어져
돌자갈 움켜잡고 흐느낀다

왜가리 두 눈에 가득 찬 기다림
온몸 번져 쇠다리 붉은데

높이 치솟았다 자기 몸 터트려
모두 쏟아붓는 불꽃놀이

정든 뿌리로 돌아가는 낙엽
유랑의 끝자락 외목 간이역에서
시간표 없는 막차 기다리는

해 설

"물처럼 흘러 별 되어 빛나리라"

김재홍(시인·문학평론가)

 아무래도 이상하다. 시는 알 수 없는 순간 한 영혼에게 다가와 '함께 가자'고 말한다. 거부하려 해도 거부할 수 없고, 도망치려 해도 도망칠 수 없다. 시는 결코 명령하지 않지만, '함께 가자'는 주문을 벗어날 수 없다. 시가 무엇이길래 이토록 끈질기고 강렬하고 무서운 것인가.
 최용수 소년은 울산의 한 외딴 산골에서 태어나 왕복 오십 리 길을 걸어서 통학했다고 한다. 그의 "아버지는 산비탈 다락논에 엎디어 까맣게 등이 그을렸고 어머니는 지병을 앓으며 밭고랑에 묻혀 보이지 않았다"(「내 흔적의 더미를 발굴하다」, 『소금밭 가는 길』, 95쪽)고 한다. 중학교 1학년 때 끝내 어머니가 돌아가시자 가정은 해체 위기에까지 몰렸다고 한다. 고등학교 재학 중 공무원 시험에 합격하여 3학년 겨울방학 때 시청으로 발령받아 그 월급으로 밀린 공납금을 냈다고 한다. 필사적인 시간이었다.

그 어간 어디쯤 시는 그를 찾았을 것이다. 영민한 최용수 청년이 신산한 삶의 무거운 짐을 지고 막 일어서려던 순간이었을 터이다. 불타오르는 내면의 문자화가 곧 시로 되고, 그 언어가 다시 생의 에너지원이 되는 영원회귀의 고리가 형성되었을 터이다. 표현주의자의 양식인 시로 인해 고통을 겪고, 위안의 언어인 시로 인해 삶을 이어가는 역설이 그에게 내려섰던 것이다.

그러므로 시는 그가 지방의 말단 공직을 박차고 나가 중앙부처로 옮겼을 때에도 '함께 가자' 했고, 의지할 곳이라곤 바람밖에 없는 고초의 삶을 살아가는 동안 시시각각 거부하고 도망치려 해도 '끈질기고 강렬하고 무섭게' 붙잡았다. 결국 시는 청년 최용수가 소장(少壯)과 장년을 거쳐 원숙한 노경에 이르는 동안 한순간도 그를 떠나지 않았다. 이상하다, 시가 무엇이길래 이토록 벗어날 수 없는 것인가.

그렇게 바람을 타고, 물길을 건너 이제 시는 최용수의 경전이 되었다고 한다. "나를 품에 안고 키워준 바람아/ 내 안에는 너의 숨결이 불고 있다/ 흔들리는 이유를 가르쳐 주고/ 일어서야 할 때도 알려준 바람아"(「바람에 기대어」)라고 노래한 그의 두 번째 시집 해설에 이런 대목이 보인다. "초로와 같은 인간 삶의 허무를 극복하는 길, 그것이 시의 길임을 자각한다. 그에게 있어 시는 종교의 경전이다"(박종해, 「바람의 길, 시의 길」, 『바람에 기대어』, 111쪽)

그렇게 최용수는 벗어날 수 없는 시의 굴레를 자신의 운명으로 받아들이면서, 아니 차라리 자신과 동일시하면서 '詩卽我, 我卽詩'의 어떤 시적 신령의 경지를 살아가고 있다.

혼자 가는 동행

최용수의 이번 시집은 『참깨 밭에서』(2021), 『바람에 기대어』(2022), 『소금밭 가는 길』(2023)에 이은 그의 네 번째 시적 성과이다. 공직에 있는 동안 과작(寡作) 신세를 면치 못했던 그는 지난 2020년 등단하자마자 보란 듯이 시집을 연이어 상자하면서 '시적 신령'의 기운을 드러내고 있다. 그것이 이을 것은 잇고, 맺을 것은 맺는 각고의 결과임을 물론이다.

이번 시집은 표현론적 측면에서 이전 시집을 잇고 있다. 대칭되는 사물의 속성을 그것대로 표현하면서, 그 과정에서 자연히 형성되는 통섭의 이미지를 창출하는 기예는 여전하다. 가령, 흰색과 검은색의 대칭 속에서도 그것들의 심층이 형성하는 무색(혹은 모든 색)의 색채감을 구현한 「우리 공주님」 같은 시편은 예민한 시적 감각 없이는 쉽게 착상될 수 없는 작품이다.

　광부 아버지는 하얗게 웃으며

어미 없는 딸 공주라 불렀지
모두 어리석다던 그 사람

골목 밥집 허드렛일할 때 만나
카바이드 등 하나 발등 부풀도록
갱도 헤매다 석탄 더미에 깔려
떠나 버린 온달 아저씨

까맣게 물들어 가뭇가뭇 살아갈 때
폐광 쓰나미 터전 휩쓸었다
이웃들 산지사방 흩어지고
밤마다 찾아오는 거무레한 그림자

난전 골목 주모 반백 년
숯덩이 나이테 한 결씩 넘겨보는
박제같이 굳은 할머니 공주님

- 「우리 공주님」 전문

이처럼 광부 아버지(검은색)와 어미 없는 딸(흰색)의 대비로 시작되는 작품 도입부가 강렬하다. 날마다 갱도에 들어가 채탄해야 하는 광부의 삶은 '검은색'일 수밖에 없으며, 그에게 살아갈 근거를 주고 웃음을 준 딸아이는 '흰색'일 수밖에 없다. 딸은 아버지에게 '하얀 웃음'을 선사하는 '우리 공주'이다. 그러나 공주는 아버지의 바람에도 불구하고 신산고

초 끝에 "박제 같이 굳은 할머니 공주님"이 되었다.

그러나 '할머니 공주님'은 비록 온달 아저씨를 잃고 반백 년 주모로 살아왔을지언정 '검은색'이 아니다. 그렇다고 '흰 색'이라고 말할 수도 없다. 이제 그녀는 세상의 단색을 벗어나 오히려 모든 색을 아우를 수 있는 지상에서 가장 깊은 색(無色)을 가진 할머니가 되었다. 「우리 공주님」은 대칭과 대비에서 시작해 통섭의 심층을 구현해 나가는 시적 표현이 돋보이는 작품이다.

그런데 이번 시집은 주제론적 측면에서 이전의 시집들과 일정한 거리를 보여준다. 기억 속에 드리워진 그림자와 삶의 무늬들을 그리움과 애환의 정서로 접근하던 때와 달리 이제는 '서정적 거리'라고 부를 만한 객관화의 차원에 도달한 것으로 보인다. 소재와 제재는 여전하되 그것을 내면화하는 심안이 열린 것으로 이해할 수도 있다.

이번 시집 시인의 말 가운데 이런 구절이 보인다.

> 돌개구멍 소곤대는 목소리 따라
> 허공에 놓는 구름다리 하나

돌개구멍은 암반으로 이루어진 하천의 바닥에 생기는 원통 모양의 깊은 구멍을 말한다. 강물이 흐르면서 깎고 두드리고 또 깎고 두드려서 만들어내는 구멍이다. 강물은 낮은 데로 흐른다. 낮고 낮아서 더는 낮을 수 없는 세상의 가장 낮은 곳을 흘러가는 강물이 진정 더 낮은 곳을 찾아 수천수만 년 깎고 두드려서 만들어낸 것이 돌개구멍이다. 시인은 지금 그 들리지 않는 소리를 듣고 있다.

  그리고 높디높은 허공에 '구름다리 하나'를 놓는다. 가장 낮은 곳에서 가장 높은 곳으로 내면의 바람을 실어 나르는 거대한 수직의 이미지가 선명한 화면을 구성한다. 이는 그리움이나 애환이 아니다. 그것을 포함해, 그것을 넘어 어떤 탈속이나 초월에의 의지를 표상한다. 그렇다면 최용수의 심안은 이제 세상 속에서 세상의 바깥을 볼 수 있게 된 것이다.

> 포구를 찾아드는 배
> 돌아오지 못한 그 사람 생각한다
> 먼 길 함께 걸었지만
> 높이도 방향도 서로 다른
> 동행 아닌 동행
>
> 사랑은 언제나 혼잣말이었지
> 맨드라미 땅 베고 누웠고
> 된서리에 들국화 시드는 늦가을
> 사잇길 서둘러 걸을 때
>
> 검불 되어 꺾어져 버린 허리
> 나뭇잎처럼 떨어진 뒤에야
> 같은 길에서 잃어버린

우리의 길 어렴풋이 보였다

― 「혼자 가는 동행」 전문

  동행이란 이런 것이다. 돌아오지 못한 사람과도 동행할 수 있고, 높이도 방향도 달라도 동행할 수 있다. 손잡고 걸어야만 동행이 아니다. 이 작품은 목적론적 가치를 공유하는 것이 동행이라는 속 좁은 울타리를 가볍게 무너뜨린다. 세상 모든 이들과 동행하는 것, 심지어 세상을 떠난 모든 이들과도 동행하는 것이 동행이라는 시적 전언이 통념적 지평을 훌쩍 넘어선다.

  그러므로 "사랑은 언제나 혼잣말이었지"라는 깨달음은 '나'에게서나 '너'에게서나 같은 말이다. 나의 사랑은 너에게, 너의 사랑은 나에게 언제나 한 방향이었다. 한 방향들이 모여 수만 갈래의 사랑을 만드는 생의 비의가 맨드라미와 들국화에게서 보인다. "검불 되어 꺾어져 버린" 나뭇잎에서도 보인다. 그렇게 우리의 사랑은 '어렴풋이' 보인다. 이쯤 이르러 진정 세상의 모든 동행은 '혼자 가는 동행' 아닌가.

속사랑이라 더욱 불탔으리라
바라만 보다 동행 못한 길
눈시울 새까맣게 오디 물들었다

굳은 기억에 그리움 스며들어

불쑥불쑥 죽순 솟아나고
아린 가슴 비집고 분출한 용암
그 모습 닮은 화석 되고

모두 불타면 숯 되어 남으리
모퉁이 헤매 돌며 열병 앓던 시절
퍼렇게 멍든 한 자락 구름
떠돌다 어디 맺혀 모대기는지

얼굴도 보지 못한 열매 속
낙화의 말 못한 사연 겹겹 쌓였다
홀로 저무는 동백꽃 눈시울

— 「동백 눈시울」 전문

 이와 같이 최용수의 이번 시집 『물방울무늬 자화상』에서 표현론적 이음과 주제론적 맺음을 읽는다는 것은 그의 시적 지평이 기법적 단속성을 보여준다는 사실을 확인하는 것이 아니다. 오히려 그의 서정이 추구하는 열애(熱愛)에 가까운 '속사랑'을 보는 일이다. 그는 동백을 통해 불타는 속사랑을 보았고, 우리는 그를 통해 그의 내면에 드리워진 보편애를 본다.

물방울무늬 자화상

자화상은 인간의 기록 욕망의 소산이다. 기록물의 존속은 자신의 뜻과 무관한 일이지만, 짧은 한 생을 안타까워하듯 불후(不朽)를 꿈꾸는 인간은 언제나 자신의 기록을 남기고 싶어 한다. 어쩌면 시도 소설도 회화도 음악도 자신을 기록하는 양식들인지 모른다. 그렇다면 인간의 역사는 기록과 멸실의 지난한 엇갈림의 역사이리라.

서기 20~40년경의 기록으로 보이는 그림이 있다. 테렌티우스 네오와 그 부인의 초상. 젊고 힘찬 빵집 아저씨와 아름다운 부인의 얼굴, 흰 셔츠(토가)를 입은 테렌티우스가 두루마리(로툴루스)를 든 옆에서 남편 쪽으로 어깨를 살짝 기울인 부인의 얼굴 홍조가 마치 이들이 바로 우리 곁 살아있는 사람들로 보이게 한다. 이들 부부의 기록 욕망은 노련한 화가를 필요로 했고, 고가의 채색 도료를 구입하게 만들었다. 그리고 자신들의 방 벽면을 화판으로 삼아 프레스코로 작업했다.

그리고 그것으로 끝이었다. 폼페이 베수비오 화산의 폭발(서기 79년)로 이들의 집은 그대로 사라졌다. 불탈 수 있는 것은 다 탔고, 파묻힐 수 있는 것은 다 파묻혔다. 초상화는 결국 40여년 만에 지상에서 사라졌다. 그리고 1400여년 후 벌어진 수로 공사가 아니었더라면, 이들의 기록은 영영 다시 빛을 보지 못했을 터이다. 그렇다면 기록은 기록자의 의도를 배반하는 우연의 소산인가.

산불에 그을린 장승 모습이다

색 바랜 호랑이 그림

문풍지 되어 빠진 이빨 갈고

손길 따라 명멸하는 모래 예술처럼

고기떼 보면 그물망 되고

바람 불면 너울가지로 흔들리다

음각으로 남고 싶은 표정

두 팔 잘린 뻐꾸기시계

칼날이 울지 않는 성대 끊어 내고

벽에 붙어 시드는 꽃다발

뚜껑 열린 물감 병 붉은색 토한다

마리오네트의 환호

차창에 맨얼굴 상감하려

물방울무늬로 첫차 기다리는

　　　　　　　　　　　　 -「물방울무늬 자화상」 전문

「물방울무늬 자화상」은 이번 시집의 표제작이다. 이를 자신의 신작 시집을 대표하는 시로 택했다는 것은 모종의 작의를 함축한다. 시인은 자신의 얼굴이 아니라 물방울무늬를 그렸다. '물방울무늬'는 기록의 대상이며, '자화상'은 기록 욕망의 표현이다. 그의 도구는 붓과 물감이 아니었으므로 자화상은 무채색의 정물로 보인다. 마치 사라질 것을 알고 있다는 듯 격앙되지 않은 차분한 어기(語氣) 속에 사라져 가는 그을린 장승 모습의 호랑이 그림과 모래 예술 같이 명멸하는 물상들이 언어화되어 있다.

그렇다, 물방울무늬는 한 번 나타났다 사라지는 것들, 차창에 잠깐 나타났다 사라지는 맨얼굴 같은 것들이다. 우리는 두 팔 잘린 무채색의 뻐꾸기시계 같이 "벽에 붙어 시드는 꽃다발"인 것이다. 그렇다면 시인은 결국 자신의 얼굴을 그린 셈이다. 기록 대상이 곧 기록 욕망이었던 것이다. 우리는 모두 사라지고 말 물방울무늬들이다. 이러한 시정(詩情)은 모든 사라지는 것들을 위한 제사장의 태도라고 할 수 있다.

강심(江心)에서 허공으로 거대한 수직의 구름다리를 놓겠다는 '혼자 가는 동행'과 마찬가지로 '물방울무늬 자화상'은 옹졸한 목적론적 세계관을 넘어 모든 사라지는 것들과 동행하는 '수만 갈래의 사랑'을 실현하겠다는 그의 의지를 상징한다. 최용수의 기록 욕망은 자신을 향하지 않고, 모든 사라지는 것들을 향한다. 이것이야말로 진정 시인다운 사랑의 방식이리라.

> 무엇이든 언제든 찾아드립니다
> 잊을 수 없는 것들은
> 기억 속에 모두 진열돼 있어요
> 옛적 모습 그대로
> 안으로 들어오면 됩니다

비 오는 밤 우산 없이 혼자면 좋지
희미한 가로등 서 있던 그곳
영구 보관 중이니 항상 다녀가시라
만나 함께 떠나도 좋습니다
할아버지 첫사랑 그녀 찾아갔고
한 할머니는 생모 모셔갔지요
청춘 말인가요 온새미로 돌려드리죠
그 시절 만나 밤새 춤추다
새벽녘 돌아가셔도 괜찮습니다
- 「기억 속으로」 전문

  기록은 기억을 바탕으로 한다. 기억을 믿지 못하면 기록도 없다. 그래서 우리는 날마다 '기억 속으로' 배회하는지 모른다. 최용수의 이번 시집이 보여주는 표현론적 연속과 주제론적 불연속이란 결국 기록주의자의 열렬한 기록 욕망으로 귀결된다. 이때의 기록은 물론 불후를 꿈꾸는 게 아니라 차라리 사라지는 것들에 대한 연민과 동질감의 표현이다. 그것은 "세상 모든 이들과 동행하는 것, 심지어 세상을 떠난 모든 이들과도 동행하는 것"이란 점에서 그의 기록주의는 존재론적이다.

온몸으로 발걸음 재는 자벌레
달팽이가 아스팔트 길 건너간다
거리를 가늠하지 않고 묵묵히

건너편 풀숲은 아직도 감감한데
이제 다 왔다고 생각하면
다시 올라야 할 설산
눈앞에 솟은 봉우리 또 봉우리

발굽 사이사이 옹이 박힌 돌니
아프다는 표정 끝내 짓지 않으리
네 발 끌며 절룩일지라도
무릎만은 기어코 접지 않겠다

허연 거품 덩이 씹어 토하며
차마고도 첩첩 고개 모두 넘으면
따뜻한 약손 장제사 만나리라
　　　　　　　　　　－「차마고도」 전문

 어떤가. 묵묵히 고도(古道)의 아스팔트길을 건너가는 자벌레와 달팽이가 보인다. 그것을 보며 길을 가는 마방도 보인다. 또한 이들을 보는 시인의 내면도 보인다. 우리는 모두 다르지만, 또한 모두 같다고 느끼는 한 시적 영혼의 초아(超我)의 동질감이 보인다. "허연 거품 덩이 씹어 토하며" 걷는 벌레와 사람이 다르지 않고, 산 자와 죽은 자가 다르지 않다. 우리는 누구나 첩첩 고개 모두 넘어 '따뜻한 약손 장제사'를 만나기 때문이다. 아, 우리 모두의 종점에 '약속 장제사'가 있다.

영혼 지피는 풀무질

최용수의 이번 시집에는 모두 열한 편의 「진경 수묵화」 연작이 실려 있다. 일련번호로 보아 수록되지 않은 작품까지 최소한 17편에 이르는 노작이다. 그가 무엇을 위하여 이러한 수고를 마다하지 않았는지 어림하기는 어렵지 않으나, 그렇기 때문에 존재론적 보편성 위에 선 그의 치열한 시 의식을 다시 한 번 주목하게 만든다. "연민은 넘쳐 강을 이루리라"(「진경수묵화 · 1 – 동행」)

언제쯤 지붕 올릴 수 있을까
옥개석에 배흘림기둥은 아닐지라도
긴 추녀 꿈 한 채 지우려 했다

열매 하나 맺지 못한 빈 가슴팍
나직한 기둥 하나 곧추세워
하늘을 지붕 삼아 산다
무질러진 지난날 담금질하며

겹겹이 접쇠 된 나이테
깊은 시간 속에 지느러미 파닥이며

밤하늘 별 되어 저물어 간다

식은 몸에 영혼 지피는 풀무질
녹슨 꿈 새파랗게 샛별같이 벼리는
늙은 대장장이 망치질 소리
　　　　　　　　　－「진경 수묵화 2」 전문

우선 수묵화라는 회화 형식을 차용한 점을 고려해야 할 터이다. 언어로 그릴 수 없는 수묵화는 우선 기록주의자로서 그의 기억에서 제재를 끌어낸다는 의미로 이해된다. 또 주의주의적 교설이나 계몽적 태도가 아니라 직관적 묘사를 통해 시적 주제를 표현하겠다는 태도로 받아들여지기도 한다. 무엇보다 의미심장한 것은 그의 심층 미의식이 여백과 농담을 주요한 기법으로 고졸미(古拙美)를 추구했던 선조들의 미감에 닿아 있다는 점이다.

최용수는 이러한 시작 태도 속에서 진경(眞景)의 수묵화를 그려나간 것이다. 이념화되고 추상화된 화면이 아니라 자신의 기억 속에 오롯한 '진짜 풍경'을 기록함으로써 앞서 확인한 존재론적 보편성을 환기하는 자신의 주제의식을 고양시키려 하는 것이다. 그러한 시적 열정 속에서 그는 대장장이의 불꽃 튀는 노동의 현장이 곧 "영혼 지피는 풀무질"이라는 인식에 도달한 것이다.

대장장이의 풀무질은 그리하여 식은 몸, 녹슨 꿈을 새파랗게 샛별같이 벼리는 망치질을 거쳐 '흰 머리 도공'에 이른다. 도공은 도자기를 만들지 않고 오히려 만들어진 것들을 깨뜨린다. 영혼이 깃들지 않은 도자기는 흙덩이에 불과하다는 듯 부수어 버린다. 그러나 도공의 아내는 달랐다.

> 흰머리 도공이 도자기 부순다
> 한 점 남기지 않고 깨뜨린다
> 한 송이 영혼 상감하고픈 열망에
> 도공 아내로 흙 밟았던 할머니
> 매끈한 쌀독 하나 갖고 싶어
> 산고 끝에 옥동자 하나 빚어 구웠지
> 희멀건 몸빛 쭈글쭈글한 허리
> 도공이 깨부수려 파쇄장 가져갈 때
> 할머니 자기 몸 들이밀어 말렸데
> 도공은 활활 타는 백열 가마 속
> 자신 밀어 넣어 재 되어 날아갔고
> 몇 점 도자기 임자 만나 떠나고
> 잡초 무성한 가마터 초가 앞
> 성찮은 옹기 하나 작달비 맞고 섰다
> 흙담 기대 늙은 엄니 기다리며
> -「진경 수묵화 3」 전문

도공의 예술혼과 도공 아내의 생활혼이 예리하게 엇갈리는 시편이다. 이를 두고 시인의 예술주의 경향을 찾아서는 안 된다. 또한 일상의 소중함을 일깨우는 현실주의 성향을 보아서도 안 된다. 잡초만 무성한 가마터에서 그가 읽어낸 것은 조화될 수 없는 두 가치 가운데 어느 하나를 선택해야 한다는 손쉬운 결론이 아니라 외려 현상학적 판단중지에 가까운 직관적 상황이다.

이처럼 해석하지 않고 주장하지 않는 데 최용수의 시적 깊이가 있다. 말하지 않고 보여주기만 하는 것, 묘사하기보다 묘사하지 않는 것이 요체이다. 이것이 진경 수묵화다운 어법이며, 고졸미다.

> 月落烏啼霜滿天(월락오제상만천)
> 江楓漁火對愁眠(강풍어화대수면)
> 姑蘇城外寒山寺(고소성외한산사)
> 夜半鐘聲到客船(야반종성도객선)
>
> 달은 지고 까마귀 울어 하늘 가득 서리인데
> 강가에는 단풍나무 어화는 시름 속에 조을다
> 고소성 밖 한산사
> 깊은 밤 종소리 객선까지 들리네
>   - 장계(張繼, ?~779), 「풍교야박(楓橋夜泊)」 전문

당나라 시인 장계의 칠언절구이다. 선경후정(先景後情)마저 벗어나 깊은 밤의 고적한 풍경만 묘사되어 있다. 초장에는 높디높은 하늘을 무대로 달과 그 아래 까마귀와 그것을 휘감은 서리가 있다. 스산하고 차고 쓸쓸한 분위기이다. 2

장은, 하늘의 반대편 가장 밑바닥이라고 할 수 있는 강물을 묘사하고 있다. 강변엔 단풍나무가 있고, 그 울긋불긋한 색과 어화의 붉은빛이 시각적으로 조화를 이루고 있다. 흩날리는 단풍과 흔들리는 어화의 동세가 절묘하게 어우러진다. 그것들은 또한 수심(愁) 가득한 화자의 마음, 고단한 자의 흔들리는 마음처럼 다가온다.

3장은 고소성 밖에 있는 한산사만 나온다. 일체의 비유가 사라진 건조한 사실 기록이다. 종장의 내용은 한밤중에 들리는 한산사의 범종 소리이다. 달밤에 그 소리가 다가온다. 시적화자는 지금 배를 타고 있다. 여기서 그 배가 객선이란 것도 주목되어야 한다. 화자는 어부나 수군이나 무엇처럼 항상 배를 타는 사람이 아니고, 어쩌다 무슨 일을 겪어 배를 타고 강물 위에서 시름하는 사람이다.

초장과 2장에서 시인의 시선은 하늘에서 강으로 수직적으로 이동했다. 3장과 종장에서는 한산사의 종소리가 수평적으로 이동해 객선 위에 있는 화자에게 도달했다. 수직 축이 울긋불긋 일렁이는 색깔들과 흩날리고 흔들리는 움직임들이라는 시각적 이미지로 구축되어 있다면, 수평 축은 범종 소리와 그것을 실어 나르는 음파들과 멀고 가까운 거리감들이 중심이 되고 있다.

오직 풍경만 묘사된 메마른 서경으로 보이는 시행의 틈새마다 시정이 가득하다. 아득함, 쓸쓸함, 외로움 … 흔들리는 외면이 내면과 완벽히 조응하는 작품이다. 그래서,

새끼 떠내려간 물길 따라
사흘간 뒤쫓았던 엄마 원숭이
장 끊어져 숨 거두었다지

팔려 간 새끼 부르는 어미 소
여물도 마다하고
열흘 넘게 슬픔 되새김질할 때
워낭소리 잠 못 이룬 아버지

움푹 파인 어머니 빈 허리는
보름달 몇 키워 낸 자리
대지보다 더 넓은 바다의 깊이

내장탕 한 사발 주문했더니
순대 써는 할머니 손이 떨렸다
먹이 토하는 어미 펭귄같이

- 「진경 수묵화 8」 전문

 우리는 단장(斷腸)의 양상만 열거된 이 작품에서 시적화자의 내면 깊숙이 들어가 그와 함께 울며 슬퍼할 수 있다. 말하지 않아도 들을 수 있고, 보여주지 않아도 볼 수 있다. 최용수의 「진경 수묵화」 연작은 그의 미의식이 고졸과 질박을 높게 보았던 선조들의 예술관에 닿아 있음을 보여주는 작품들이다.

잊은 듯 떠나보낸 듯 기다리리라
흘러도 마르지는 않을 것이며
땅에 묻혀서라도 차마 썩지 못해
유성의 긴 꼬리 아쉬움 달고
부르지 못한 후렴 끝까지 부르자

아프다는 말 하지 않으리라
언제든 일어설 수 있는 차림으로
자유로이 손 흔들어도 좋지만
솥과 뚜껑으로 살아온 나날
잿불에 오롯이 남아 따뜻하구나

폐허 된 절터에 적막 꿰뚫고
흰 나비 떼 솟아오르는 그날까지
얼룩진 나의 몸 닦고 닦아
물처럼 흘러 별 되어 빛나리라

- 「물처럼 별처럼」 전문

  이처럼 우리는 최용수의 네 번째 신작 시집 『물방울무늬 자화상』에서 이전 시집들과의 연속성 맥락에서 표현론적 이음과 주제론적 맺음을 보았고, 그것은 결국 존재론적 보편성 위에 기록주의자로서의 욕망을 얹는 과정임을 보았다. 또한 그의 심층 미의식이 지닌 고졸미가 답습이 아니라 출신(出新)임도 보았다.

그리고 우리는 "물처럼 흘러 별 되어 빛나리라"고 말하는 데 이르러 이 모든 개념적·분석적 논의를 뛰어넘는 노경(老境)의 원숙한 생철학을 확인한다. 우리도 그를 따라 그것이 시의 길임을 깨닫는다. 또한 그는 벗어날 수 없는 시의 굴레를 자신의 운명으로 받아들이고 동일시하면서 '詩卽我, 我卽詩'의 시적 신령의 경지를 살아가고 있음을 느낀다.